FACULTÉ DE DROIT DE PARIS.

THÈSE
POUR LA LICENCE.

L'Acte public sur les matières ci-après sera soutenu,

le mercredi 23 juillet 1856, à dix heures,

Par PIERRE-MARIE-ERNEST BRUGÈRE-DUPUY,

né à Uzerche (Corrèze).

Président : M. BUGNET, Professeur.

Suffragants :
MM. ROYER-COLLARD,	
PELLAT,	Professeurs.
GIRAUD,	
FERRY,	Suppléant.

Le Candidat répondra en outre aux questions qui lui seront faites sur les autres matières de l'enseignement.

PARIS.
CHARLES DE MOURGUES FRÈRES, SUCCESSEURS DE VINCHON,
Imprimeurs de la Faculté de Droit,
RUE J.-J. ROUSSEAU, 8.

1856.

A MON PÈRE, A MA MÈRE.

JUS ROMANUM.

DE REI VINDICATIONE.

Res singulares ab alio possessas petentibus specialis actio occurrit, quæ rei vindicatio appellatur.

Quæ per hanc actionem rei vindicationis petuntur. — Speciali hac actione omnes corporales res petuntur, nec interest si de mobilibus rebus agatur vel his quæ solo continentur, si de rebus animalibus vel his quæ anima carent contendatur. Servum dominus vindicare potest : per hanc autem actionem liberæ personæ quæ sunt juris nostri, ut puta liberi qui sunt in potestate, non petuntur ; nam servi pro re habentur ; liberæ contra personæ, licet juris alieni sint, sunt personæ. Petuntur igitur autem liberi aut præjudiciis, aut interdictis, aut cognitione prætoria, nisi forte adjecta causa quis vindicet.

Vindicatio pertinet ad res singulares. Itaque vindicari non potest universitas, ut puta peculium in quo et jura continentur; neque enim jura rei vindicatione peti possunt. Sed corpora sunt tamen quoddam genus universitatis quod vindicari potest ; ita grex vel armentum, vel equitum et cætera quæ gregatim habentur. Grex enim est universum quiddam, si corpora et capita ex quibus constat spectes ; sed non universum quiddam juris ut hereditas, cum vel in hereditate aliqua grex ipse esse possit.

Non solum rem ipsam, sed etiam partem aliquam rei vindices, imo incertam si justa causa interveniat, ut si forte legi Falcidiæ sit locus in testamento propter incertam distractionem ex legatis. Meum est quod ex re mea superest, cujus vindicandi jus habeo.

Quæcumque aliis junctæ sive adjectæ accessionis vice cedunt ; ea quamdiu cohærent dominus vindicare non potest, quia non petuntur extinctæ res ; sed ad exhibendum agere potest, ut separentur, cum separari possunt, et tunc vindicantur.

Cui et adversus quem competat hæc actio. — In rem actio competit ei qui aut jure gentium, aut jure civili dominium acquisiit ; quamvis alienus sit ususfructus, nihilominus recte dicimus fundum nostrum esse, quia ususfructus tantum pro servitute habetur. Debet actor probare se dominum esse ; actore enim non probante, reus absolvitur, et manet in suo loco possessio.

Datur in rem actio adversus rei nostræ possessorem, nec interest ex qua causa possideat. Cum autem rei possessor dolo malo, ante litem contestatam possidere desiit, adversus eum utilis datur actio quia pro possessione dolus est. Possessoris heres, non quod est heres, sed quod est possessor, tenetur. Itaque si decesserit possessor fundi duobus heredibus relictis, in solidum condemnandus est qui totam rem detinet.

De his quæ ante litem contestatam vel post judicium acceptum observanda sunt. — Valde refert in hoc judicio quis possessor sit, quis petitor, cum onus probandi solum petitorem spectet. Is qui destinavit rem petere, animadvertere debet an aliquo interdicto possit nancisci possessionem, quia longe commodius est ipsum possidere et adversarium ad onera petitoris compellere quam alio possidente petere. Necessarium est actorem dicere utrum totum an partem et quotam petat, et rem designare specie. In petendo homine, nomen ejus dici debet et utrum puer an adolescens, utique si plures sint. Cæterum cum in rem agantur si de corpore conveniant, error autem sit in vocabulo, recte actum esse videtur. Si reus qui se possessorem esse negaverit mendax convincitur, possessio rei absque ulla disceptatione a judice transfertur.

Possidere aliquis debet et litis tempore et quo res judicatur. Si reus litis contestatæ tempore non possedit, quo autem judicatur possidet, omnimodo condemnandus est; quod si post acceptum judicium fecit quominus possideret, æque condemnatur ac si possideret.

Si res mobilis petita sit absens, et bonæ fidei sit possessor, restitui debet ubi res sit, aut ubi agitur, sed sumptibus petitoris; si contra malæ fidei sit possessor, idem statui debet, si in alio loco eam rem nactus sit; si vero ab eo loco ubi litigatur rem amovit et alio transtulerit, eam restituere debet illic unde substraxit sumptibus suis.

Quæ in officio judicis contineantur. — Non in eo solum judicis officium continetur ut rem restitui jubeat, sed multa alia sunt quorum rationem habere debebit, et primum si deterior res sit facta culpa aut dolo possessoris quamvis legis Aquiliæ actio duret quam eliget actor si malit. Rei vindicatione fructuum nomine reus quoque condemnari potest. Sed circa hanc fructuum restitutionem bonæ fidei possessor et prædo differunt: 1° in eo quod omnes fructus prædo restituere debet; bonæ fidei autem possessor solummodo exstantes; post litis contestationem hujus et illius par conditio est ; 2° in eo quod non solum quos percepit, sed etiam quos petitor percipere potuisset prædo reddere debet ; quod erga bonæ fidei possessores non observatur. Non solum fructus sed etiam omnem causam præstandam esse constat ; et ideo partum venire in restitutionem et partuum fructus.

Si quas reus impensas fecerit in re vindicata, distinguere oportet utrum bonæ fidei possessor sit an prædo. Si bonæ fidei possessor sit, et rem adhuc detineat, actorem vindicantem exceptione doli mali repellet, si is pretium materiæ et mercedes fabrorum usque eo saltem quo pretiosior factus est fundus reddere nolit ; si vero rei amisit possessionem, nullo modo impensas consequi potest, nisi quod ædificatum est sit dirutum ; quo casu tignum vindicari potest. Prædo autem qui impensas fecit, donasse censetur, et ideo nec exceptione uti, nec ædificio diruto tignum vindicare potest. Hoc secundum jus strictum ; sed æquitatis causa ei permissum fuit sine læsione prioris status quod inædificatum est auferre ; quin etiam , per exceptionem doli mali, impensas eum servare benignitatis causa placuit.

Quid statuatur in reum qui hoc judicio condemnatus non paret. — Hæc actio dicitur arbitraria, quia arbitrum judicis condemnationem præcedere debebit.

Arbitrium in eo constitit quod judex rem ipsam simul et fructus restitui jubeat. Si quis restituere jussus judici non paret et rem tamen habet, officio judicis, manu militari a rei possessione evincitur ; et tantum fructuum omnisque causæ nomine fit condemnatio. Qui judici restitutionem jubenti paret, absolvitur. Si non potest restituere, quod dolo fecit quominus possideret reus, quantum adversarius in litem sine ulla taxatione in infinitum juraverit damnandus est. Si vero non potest restituere nec dolo fecit quominus possideret, non pluris quam quanti res est, id est quanti adversarii interfuit condemnandus est. Quod si juraverit in litem tanti quanti voluit actor, tunc possessor rei fit dominus, rem enim quasi emisse existimatur. Is qui dolo fecit quominus possideret hoc quoque nomine punitur, quod actor cavere ei non debet actiones quas ejus rei nomine habeat se ei præstaturum. Hoc dicendum de eo qui propter dolum condemnatus est. Si contra, culpa non fraude, quis possessionem amiserit, quoniam pati debet æstimationem, audiendus erit a judice si desideret ut adversarius actione sua cedat. Nec poterit dominus rescindere hujus modi venditionem, reddita litis æstimatione, quam reus præstitit suo periculo, ut puta sub incerta spe amissæ rei recuperandæ. Sive autem possessor bonæ fidei sit, sive malæ fidei, petitor possessori de evictione cavere non cogitur, rei nomine cujus æstimationem accepit. Sibi enim possessor imputare debet qui non restituit rem.

DE PUBLICIANA IN REM ACTIONE.

Cum sæpe quis, antequam rem usuceperit, possessionem rei potuerit amisisse, prætor Publicius ad exemplum actionis in rem civilis fictitiam actionem dedit, quæ ab eo dicta est Publiciana, his omnibus qui sunt in conditione usucapiendi et habent civilem possessionem; inde tum ei qui rem habet in bonis, tum ei qui modo bonæ fidei possessor est, si quis, ait prætor, id quod ex justa causa traditur a non domino et nondum usucaptum petit, judicium dabo.

Quæ requirantur ut Publiciana competat. — Hujus autem actionis quatuor conditiones sunt :

1° *Justa causa possessionis usucapionis.* — Non per omnem justam causam Publiciana nobis actio competit, sed per eam tantum quæ tribuit nobis causam usucapiendi : sic bonæ fidei emptoris, ejus etiam cui res nomine dotis tradita est, sive æstimata, sive non : item si res habetur ex causa solvendi, demum ex omnibus causis dominii acquirendi si dominus fuisset traditor.

2° *Bonæ fidei traditio*. — Is bonæ fidei esse videtur qui putabit eum qui tradidit ei jus tradendi habuisse. Bona fides non contractus tantum, sed et traditionis tempore inspicitur : at nil nocet mala fides post traditionem superveniens.

3° *Quod res possit usucapi*. — Si res talis sit ut eam lex aut constitutio alienari prohibeat, eo casu Publiciana non competit, quia his casibus neminem prætor tuetur ne contra leges faciat. Igitur hæc actio in his quæ usucapi non possunt, puta furtivis vel in servo fugitivo, locum non habet. Publiciana petuntur quæ longi temporis bonæ fidei possessione acquiri possunt, veluti vectigales agri et alia prædia tributaria quæ usucapi non possunt. Publiciana utuntur de usufructu, et urbanorum prædiorum servitutibus traditione vel patientia constitutis.

4° *Quod res nondum sit usucapta*. — Etenim Publiciana actio inutilis est quum civilis jam est actio usucapionis. Adversus quemque possessorem datur, nisi possessor ipse sit rei dominus, quo casu justi dominii exceptio ab illo objicietur. Quædam tamen exempla reperimus actionis istius adversus dominum admissæ, velut si rem istius voluntate emero quæ mihi postea invito eo tradita fuerit. Ex duobus rem ementibus, habebit is cui traditum erit etiam si sit posterior, quod, ut Julianus ait, melior est, in pari causa, possidentis causa quam petentis. Hactenus vidimus a prætore inventam esse actionem in qua is qui rei possessionem amisit ante usucapionem impletam, fingitur usucepisse ; ex diverso aliquando evenit ut pro non impleta habeatur usucapio quæ vere impleta. Tunc prætor proponit actionem quam plerique interpretes Publicianam rescisoriam

appellant. Quod quidem locum habet in duobus istis casibus :
1° si quis, quum abesset, rem ejus qui in civitate usuceperit ;
2° si quis, quum dominus reipublicæ causa abesset, eam rem
usuceperit.

DE ACTIONE AD EXHIBENDUM.

Actio ad exhibendum est actio quæ datur ut quis certam mobilem rem exhibere teneatur. Propter res mobiles datur, non propter immobiles quæ seipsas sua natura ostendunt. Exhibere est facere in publico potestatem, ut ei qui agat experiundi sit copia. Hæc actio datur tam propter noxales actiones quam propter vindicationes, et est veluti præparatoria vindicationis aut noxalis actionis. Exhibitionem enim sequitur vindicatio.

Qualis sit et quibus competat et ex quibus causis. — Est autem personalis hæc actio et arbitraria, et ei competit qui in rem acturus est, qualicunque in rem actione, etiam pigneratitia, Serviana, sive hypothecaria quæ creditoribus competunt : competit etiam usumfructum petituro ; item si quis noxali judicio experiri velit, ad exhibendum ei actio est necessaria ; nam si servum designare nequit, nisi omnibus præsentibus, æquum est ei familiam exhiberi ut servum noxium agnoscat. Hæc actio datur iis quorum interest, etsi res non ipsorum sit, nec vindicationem habeant, si intersit propter aliquam actionem quam quis habeat, habiturusve sit de ea re quam exhiberi desideret. Extra heredem, testamentum vel codicillos, nemo exigit per hanc actionem sed per interdicta.

Adversus quem competat. — Omnem adversus possessorem hac actione agendum est, non solum adversus eum cui civiliter sed et adversus eum cui naturaliter incumbat possessione. Non solum si ipsam rem cujus petitur exhibitio possides hac actione teneberis, sed etiam si rem cui cohæres detines ; ita si rotam meam tuo vehiculo aptaveris quamvis proprie non possideas rotam, sed magis vehiculum cui cohæret.

Quæ in hac actione a judice observari debeant. — In hoc judicio actor omnia nosse debet, et dicere argumenta rei de qua agitur. In officio judicis continetur ut æstimet exceptiones quas possessor objicit, velut pacti conventi, jurisjurandi, doli mali. Exceptiones autem quæ requirunt altiorem quæstionem in causam principalem reservare debet judex. Postquam judex cognoverit actoris interesse rem ipsi exhiberi, reumque exhibendæ rei facultatem habere, jubebit ut fiat exhibitio. Non videtur rem exhiberi, nisi in eadem causa exhibeatur in qua fuit cum judicium acciperetur.

Si res exhibetur, reus absolvitur, et rei vindicationem persequi potest petitor. Si contra res non exhibetur, in hoc judicio venit omnis utilitas quam habuisset actor si res exhibita fuisset. Et ideo Neratius ait utilitatem actoris venire in æstimationem, non quanti res sit; quæ utilitas, inquit, interdum minoris erit quam res erit.

POSITIONES.

I. An liberi per rei vindicationem peti possint? — Adjecta causa vindicari possunt.

II. An bonæ fidei possessori utiles impensas restituere debet petitor? — Debet, sed quantum res melior effecta sit.

III. An malæ fidei possessor imputare possit utiles impensas? — Benigno jure ei conceditur.

IV. Malæ fidei possessor non solum perceptos sed etiam percipiendos fructus restituere debet.

V. In lege 32 legendum est : *post quintum annum* et non *vicesimum quintum*.

VI. Si litis contestatæ tempore reus non possidet quo autem judicatur possidet, condemnandus est, nec obstat lex 23, *de judiciis*.

VII. Ille qui ante litem contestatam dolo vel culpa desiit possidere, potest rei vindicatione convenire.

VIII. Si quis post litem contestatam rem exhibeat usucaptam, non videtur exhibuisse.

DROIT FRANÇAIS.

DE LA PROPRIÉTÉ.

La propriété est le droit le plus absolu qu'une personne puisse avoir sur une chose. Elle est définie par l'art. 544 du Code Nap. : « Le droit de jouir et de disposer des choses de la manière la « plus absolue, pourvu qu'on n'en fasse pas un usage prohibé « par les lois ou par les règlements. » Il résulte de cette définition que la propriété se compose de deux droits bien distincts : 1° le droit de jouissance, renfermant le *fructus* et l'*usus* des Romains, qui consiste dans l'usage de la chose et dans la perception des fruits qu'elle produit ; 2° le droit de disposer de la chose, c'est-à-dire d'en changer la forme, de la détruire, d'en faire un usage qui ne peut plus se renouveler au moins pour la même personne.

Lorsqu'une personne n'a pas sur une chose les droits que nous venons d'énumérer, on dit alors qu'il y a démembrement de la propriété. C'est ce qui a lieu lorsqu'un tiers a l'usufruit d'une chose qui m'appartient.

Indépendamment des restrictions qui peuvent ainsi résulter de ces démembrements de la propriété, le législateur a aussi apporté certaines modifications au droit du propriétaire. On peut citer à ce sujet les lois relatives aux eaux et forêts, au desséchement des marais, à l'exploitation des mines et à l'établissement de manufactures, usines et ateliers insalubres, dangereux et incommodes dans une ville.

Le propriétaire a sur sa chose un droit inviolable. En conséquence c'est lui seul qui pourra disposer de cette chose de la manière qui lui conviendra, puisqu'elle est laissée à son libre arbitre. Il ne pourra donc pas être contraint à céder ses droits de propriété. Cependant comme l'intérêt d'un simple particulier doit s'effacer devant l'intérêt général, le législateur a fait une exception au principe que nous venons d'énoncer. En effet, il a été décidé, aux termes de l'art. 545, que l'État peut exiger le sacrifice d'une propriété privée lorsque les deux conditions suivantes concourent. Il faut : 1° qu'il y ait cause d'utilité publique légalement constatée ; 2° que le propriétaire soit justement et préalablement indemnisé (loi sur l'expropriation forcée du 3 mai 1841). Il est nécessaire d'une loi ou ordonnance émanant du pouvoir exécutif pour constater l'utilité publique. C'est à l'autorité judiciaire qu'appartient le droit de prononcer l'expropriation. L'indemnité due au propriétaire est fixée par un jury spécial.

DES MODES D'ACQUÉRIR LA PROPRIÉTÉ.

On divise les divers moyens d'acquérir la propriété en modes originaires et modes dérivés, suivant que l'acquisition porte sur des choses qui n'appartenaient précédemment à personne ou sur des choses dont une autre était auparavant propriétaire. On distingue aussi les moyens d'acquérir à titre gratuit des modes d'acquérir à titre onéreux, les moyens d'acquisition à titre universel des moyens d'acquisition à titre particulier.

Les moyens d'acquérir la propriété indiqués par le Code sont au nombre de cinq, savoir : les successions, les donations entre vifs et testaments, l'effet des obligations, l'accession et la prescription. Cette énumération est incomplète, car elle ne comprend ni l'occupation, ni la loi, qui sont aussi des moyens d'acquisition. En effet, l'occupation, quoique rejetée par l'art. 711, se retrouve dans les articles suivants; et la loi, quoique non comprise dans ce même article, est un moyen d'acquisition, puisque les dispositions de l'art. 384 attribuent aux père et mère la jouissance des biens de leurs enfants.

Les deux moyens originaires d'acquérir la propriété, qui sont l'occupation et l'accession, feront seuls l'objet de cette matière; nous allons les développer sans nous occuper des autres modes dérivés d'acquisition.

OCCUPATION.

On entend par occupation la prise de possession d'une chose qui n'appartient à personne. C'est par l'occupation que nous nous approprions les choses dont l'usage est commun à tous et qui ne deviennent la propriété exclusive d'une personne que pour la portion dont elle s'empare, ces choses que les jurisconsultes romains appelaient *res communes,* comme les animaux pris à la pêche et à la chasse et le trésor. Sont cependant exceptés par l'art. 713 les immeubles qui n'ont pas de maître et les biens des personnes dont la succession appartient à l'État.

Le droit de chasse, qui sous l'ancien droit était un privilége réservé aux seigneurs, a été accordé par la loi du 30 avril 1790 à tous les propriétaires. Toutefois cette faculté n'est illimitée pour chaque propriétaire que sur son terrain enclos, car on ne peut chasser chaque année sur les terres non closes que pendant un temps marqué par arrêté du préfet du département et lorsqu'on est muni d'un port d'armes délivré par l'administration.

Le droit de pêcher dans les rivières appartient aux propriétaires de ces rivières (loi du 15 avril 1829).

On appelle trésor toute chose cachée ou enfouie sur laquelle personne ne peut justifier sa propriété et qui est découverte par le pur effet du hasard. Le législateur, suivant en cela le droit romain, accorde la moitié du trésor à l'inventeur à titre d'occupation et l'autre moitié au propriétaire par droit d'accession, lorsque ce trésor a été découvert par une personne sur un fonds qui ne lui appartient pas. Quand le trésor a été découvert par une personne sur un fonds lui appartenant, il est attribué en entier à ce propriétaire.

La loi trace des règles particulières, quant aux épaves. On entend par épaves les choses perdues ou égarées dont on ne connaît pas le propriétaire. Les lois auxquelles nous renvoie l'art. 717 n'ayant point été faites, on se trouve encore aujourd'hui, quant aux épaves maritimes, sous l'empire de l'ordonnance de 1681, qui s'occupe aussi des varechs et autres herbes qui croissent dans la mer ou sur ses rivages. Quant aux choses trouvées sur le sol, elles ne sont réglées par aucune loi; seulement une décision du ministre des finances en date du 25 août 1825 attribue les objets trouvés et déposés au greffe à l'inventeur, si, après trois ans, le propriétaire ne les réclame pas.

ACCESSION.

Le droit du propriétaire s'étend non-seulement sur la chose même qui lui appartient, mais encore sur ce qui est produit par cette chose et sur ce qui s'y unit accessoirement; on entend par accession cette acquisition des produits et des choses accessoirement unis.

La question de savoir si l'accession est une véritable acquisition de propriété en droit et à proprement parler, ou si ce n'est qu'un effet du droit de propriété, a fait l'objet d'une très-vive controverse. Nous ne nous occuperons pas d'exposer ici les arguments invoqués par les différents systèmes qui ont existé sur cette matière, car cette discussion, qui n'offre aucun intérêt pratique, ne peut avoir lieu sous l'empire de la législation actuelle, puisque les art. 712, 551 et suivants, rangent formellement l'accession parmi les moyens d'acquérir la propriété. En traitant la matière de l'accession, nous distinguerons le droit d'accession sur ce qui est produit par la chose, du droit d'accession sur ce qui s'unit et s'incorpore à la chose, et nous considérerons cette seconde espèce relativement aux choses immobilières et relativement aux choses mobilières.

DU DROIT D'ACCESSION SUR CE QUI EST PRODUIT PAR LA CHOSE.

La qualité de propriétaire nous rend maîtres des fruits naturels ou industriels et des fruits civils. Par fruits naturels il faut entendre ceux que la chose donne spontanément, tels que le lait, le miel, la laine; il faut aussi y ranger le croît des animaux. Les fruits industriels sont ceux que fait naître la culture de l'homme. On appelle fruits civils les revenus qui se perçoivent à l'occasion d'une chose, comme les loyers des maisons, les arrérages des rentes. Ces fruits appartiennent au propriétaire, alors même qu'ils ont été préparés et recueillis par la main d'un tiers, sauf au propriétaire à rembourser les frais des semences, labours et autres travaux, quand bien même le tiers serait de mauvaise foi.

Toutefois, ce principe, que les fruits appartiennent au propriétaire, subit une modification lorsque la chose se trouve entre les mains d'un tiers et que le propriétaire revendique la chose et les fruits qu'elle a produits. En effet, le simple possesseur fait les fruits siens dans le cas où il possède de bonne foi, car la possession de bonne foi, en fait de choses mobilières, opère instantanément la prescription et rend dès lors immédiatement propriétaire.

La loi établit une grande différence entre le possesseur de bonne foi et celui de mauvaise foi. Tandis qu'elle déclare que les différents produits d'un immeuble détenu par un tiers de bonne foi se trouvant mobilisés par leur séparation du fonds pendant et sous la possession du tiers, deviennent à l'instant sa propriété, le possesseur de mauvaise foi sera tenu de rendre au propriétaire de la chose tous les produits par lui perçus, ainsi que ceux qu'il a négligé de percevoir. Il est donc très-important de préciser dans quels cas il y aura bonne ou mauvaise foi. Le possesseur est de bonne foi quand il se croit propriétaire en vertu d'un titre qui lui aurait réellement transmis la propriété s'il n'avait pas été entaché d'un vice que ce possesseur ne connaît pas.

Le possesseur cesse d'être de bonne foi dès le moment où les vices lui sont connus. La question de savoir à quelle époque le possesseur connaît les vices de son titre est laissée à l'appréciation des tribunaux. Il est très-important de déterminer cette époque, car c'est à partir de ce moment que le possesseur devra compte des fruits.

DU DROIT D'ACCESSION SUR CE QUI S'UNIT OU S'INCORPORE A LA CHOSE.

Du droit d'accession relativement aux choses immobilières. —

Tout ce qui s'unit ou s'incorpore à la chose appartient au propriétaire.

Les règles en cette matière sont différentes suivant qu'il s'agit de choses mobilières ou immobilières.

L'accession, relativement aux choses immobilières, peut provenir de trois ordres de faits : 1° exécution de travaux sur le sol; 2° accroissement par alluvion; 3° émigration d'animaux sauvages sur un fonds.

1° Le législateur pose en principe que la propriété du sol emporte la propriété du dessus et du dessous. Le propriétaire peut donc faire au-dessus et au-dessous du sol toutes les constructions, plantations et fouilles qu'il juge à propos, et tirer de ces fouilles tous les produits qu'elles peuvent fournir, sauf les exceptions établies par le Code ou qui peuvent résulter des règlements de police et des lois administratives, notamment de la loi sur les mines.

Le propriétaire ayant seul le droit de faire des travaux sur son sol, il en résulte que toutes les constructions, plantations et ouvrages faits sur son terrain ou dans l'intérieur sont présumés faits par lui avec ses matériaux et à ses frais, sauf preuve contraire. Deux hypothèses peuvent néanmoins se présenter; ainsi il peut être établi : 1° que les matériaux employés par le propriétaire appartenaient à autrui ; 2° que les constructions ou plantations ont été faites par un autre que le propriétaire du sol. Nous allons examiner ces deux cas successivement.

Lorsqu'un propriétaire a fait sur son terrain des constructions ou plantations avec les matériaux ou les plantes d'autrui, il en acquiert la propriété, car leur incorporation au sol constitue une accession. Celui à qui appartenaient ces matériaux ou ces plantes aura droit, sans doute, à leur valeur, et pourra même obtenir des dommages-intérêts s'il y a lieu, car le propriétaire du fonds ne peut pas s'enrichir à ses dépens; mais il ne pourra, dans aucun cas, enlever ces matériaux ou ces plantes par un motif d'intérêt public. La loi romaine en donne la cause : *Nec urbs deformetur ruinis*.

Passons à l'hypothèse inverse. Un tiers a fait avec ses matériaux des constructions sur le terrain d'autrui, les constructions appartiendront au propriétaire du sol ; mais, pour régler les rapports du propriétaire avec le constructeur, la loi distingue si ce dernier a été de bonne ou de mauvaise foi. Le constructeur a-t-il été de mauvaise foi, le propriétaire du sol a le choix, ou de lui rembourser ses dépenses de matériaux et de main-d'œuvre, ou de le contraindre à enlever ses matériaux en mettant le sol dans l'état où il se trouvait au moment de la construction, avec le droit de lui demander des dommages-intérêts. Si le constructeur a été de bonne foi, le propriétaire ne peut jamais le forcer de démolir, il lui doit toujours une indemnité ; mais il aura le choix, ou de lui rembourser ses dépenses, ou de lui payer la plus-value que les travaux donnent au fonds. Comme la plus-value est souvent inférieure au montant des dépenses, il semble à première vue que le constructeur de mauvaise foi a été placé dans une position plus avantageuse que le possesseur de bonne foi. Cette injustice n'est qu'apparente, car le constructeur de mauvaise foi est à la merci du propriétaire du sol, qui peut le forcer de démolir et d'enlever les matériaux à ses frais, peut-être même en lui demandant, en outre, des dommages-intérêts, tandis que le constructeur de bonne foi ne pourra jamais être contraint de démolir et aura toujours droit à une indemnité qui devra lui être payée par le propriétaire du fonds.

Les règles établies ci-dessus s'appliquent aux constructions et plantations faites par un fermier sur le fonds loué. En effet, ce fermier est un possesseur de mauvaise foi puisqu'il ne possédait pas en vertu d'un titre translatif de propriété.

2° Les accroissements de terre qui se forment peu à peu aux rives d'une rivière ou d'un fleuve appartiennent aux propriétaires des fonds riverains, dans quelque classe que se trouve la rivière dont il s'agit. Seulement, quand c'est un fleuve ou une rivière navigable, le propriétaire riverain reste toujours tenu de fournir le chemin de halage ou marchepied dont le terrain ne cesse pas de lui appartenir. On appelle alluvion l'accroissement que reçoit un fonds par les terres nouvelles que les eaux y apportent successivement et imperceptiblement. Il en est de même des relais que forme l'eau courante qui se retire insensiblement de l'une de ses rives pour se porter sur l'autre sans que le riverain du côté opposé y puisse venir réclamer le terrain qu'il a perdu. Le droit d'alluvion n'a pas lieu à l'égard des relais de la mer, qui sont considérés comme dépendances du domaine public.

Les îles et attérissements qui se forment dans le lit des fleuves ou des rivières navigables ou flottables appartiennent à l'État, s'il n'y a titre ou prescription contraire; les îles et attérissements qui se forment dans des rivières non navigables ni flottables appartiennent aux propriétaires riverains. C'est ici que se place l'importante question de savoir si le lit des rivières non navigables appartient aux propriétaires riverains ou à l'État. Nous croyons, malgré l'opinion de savants jurisconsultes, devoir décider cette question en faveur des propriétaires riverains. En effet, ce qui prouve, selon nous, la propriété des riverains, c'est 1° que l'art. 538 ne range dans les biens du domaine public que les fleuves et les rivières navigables ou flottables, mais non les petites rivières; 2° que les articles 560 et 561 attribuent les îles, par droit d'accession, à l'État, dans les fleuves et rivières navigables ou flottables, et aux riverains dans les autres rivières; 3° enfin, que depuis la promulgation du Code, l'État fait payer aux propriétaires riverains des petites rivières, la contribution foncière jusqu'au milieu de la rivière.

3° Les pigeons, lapins, poissons qui passent dans un autre colombier, garenne ou étang appartiennent au propriétaire de ces objets par le fait même de l'accession, pourvu qu'ils n'y aient point été attirés par fraude et artifice.

Du droit d'accession relativement aux choses mobilières. — Les cas dans lesquels peut se présenter l'union de choses mobilières appartenant à plusieurs personnes sont si nombreux et si variables que la loi, dans l'impossibilité de soumettre cette matière à des règles absolues, se contente de régler comme exemples quelques hypothèses principales et laisse aux tribunaux le soin de décider les autres cas en suivant pour guide l'équité naturelle. Toutefois, les règles que le Code donne en forme d'exemples sont des dispositions obligatoires, et ce n'est que dans des cas non prévus que le juge pourra recourir aux inspirations de sa conscience.

Les cas d'accession mobilière réglés par le législateur sont au nombre de trois : 1° l'adjonction; 2° la spécification ; 3° le mélange. Cependant il est bon d'observer que les règles posées ne sont applicables que lorsque l'union des choses a été faite de mauvaise foi ou sur des choses perdues ou volées ; car dans les autres cas les effets de l'accession sont paralysés par cette règle de l'art. 2279 : en fait de meubles, possession vaut titre.

Adjonction. — L'adjonction est l'union de choses toujours séparables et continuant de former des individus distincts : ainsi, un tableau et son cadre. La première règle en cette matière est que la chose accessoire appartient au maître de la chose principale, à la charge par lui d'en payer le prix. Trois moyens successifs sont indiqués par le Code pour déterminer laquelle des deux choses est la principale.

Lorsque deux choses ont été réunies en un seul tout, celle-là est la principale pour l'usage, l'ornement ou le complément de laquelle l'autre lui a été unie. Si ce moyen de distinction ne suffit pas, on regardera comme principale celle qui aura la plus grande valeur; ou si les valeurs sont égales, celle dont le volume est le plus considérable.

Toutefois, si la chose accessoire a beaucoup plus de valeur que la principale, le propriétaire de cette chose accessoire peut demander que la chose unie soit séparée pour lui être rendue quand elle a été employée sans son consentement. Dans le cas où les moyens indiqués déjà ne suffiraient pas pour découvrir la chose principale, il faudrait appliquer les dispositions de l'art. 573, relatives au cas où il y a mélange.

Spécification.—La spécification est l'emploi de la matière d'autrui à la formation d'une espèce nouvelle : ainsi, un bloc de marbre dont on a fait une satue. Les rédacteurs du Code, sans s'occuper, comme à Rome, de savoir si l'objet peut ou non reprendre sa première forme, ont attribué au propriétaire de la matière l'objet que la spécification a créé. Cependant si la main-d'œuvre est tellement importante qu'elle surpasse de beaucoup la valeur de la matière employée, la chose nouvelle appartient à l'ouvrier qui l'a créée, sauf indemnité. Quand une partie de la matière appartient à l'ouvrier, la chose est commune ; mais si l'industrie suffisait déjà seule pour rendre le spécificateur propriétaire de l'objet créé, il faudrait appliquer l'art. 570.

Mélange. — Le mélange est la fusion de deux matières appartenant à plusieurs, confondues dans toutes leurs parties et sans travail d'intelligence. S'il est impossible de considérer l'une comme chose principale, il faut voir si elles sont ou non séparables. Si elles sont séparables, celui à l'insu duquel aura été fait le mélange peut demander la division et reprendre sa chose, sinon le résultat du mélange restera commun. Lorsque la chose demeurera commune à cause de l'impossibilité d'en opérer la division, chacun des propriétaires pourra demander qu'elle soit licitée au profit commun, en vertu d'une disposition qui s'applique aux trois hypothèses que nous venons d'examiner.

DES BREVETS D'INVENTION.

Notions théoriques et historiques.

L'inventeur doit profiter des produits de son invention. Méconnaître ce principe, ce serait paralyser les efforts du génie. En effet, l'inventeur craindrait d'employer son travail, sa fortune et son temps à faire une découverte qui, en réussissant, ne l'indemniserait pas de ses déboursés et frais. D'un autre côté, l'imitateur qui n'aurait pas fait les mêmes dépenses pourrait livrer les produits de l'invention à un prix inférieur, et l'inventeur se trouverait ainsi privé de tout bénéfice, au lieu de trouver dans la vente de ces produits une juste récompense de son travail.

A ce principe vient s'en rattacher un autre non moins juste, qui a été cependant contesté. Quelques auteurs ont prétendu que l'inventeur a un droit absolu de propriété sur sa découverte et ont refusé à la société le droit de faire usage des inventions prohibées. Cette opinion nous paraît erronée. En effet, reconnaître un droit de propriété absolu à l'inventeur qui se fait connaître le premier, c'est ne pas tenir compte des droits de la société et de plusieurs de ses membres qui étaient peut-être sur le point de faire la même découverte.

Afin de concilier les intérêts opposés de l'auteur et de la société, on a proposé divers systèmes : 1° Système consistant à accorder à l'inventeur des récompenses nationales en dédommagement de la propriété de son invention qu'il aliène. Ce système serait ruineux pour l'État et ferait concourir à la récompense des personnes qui ne profiteraient pas de la découverte. Du reste, il y aurait de très-grandes difficultés pour fixer le montant de l'indemnité à payer. 2° Système de redevances que l'inventeur se ferait payer par quiconque ferait emploi de son invention. Ce système présente de très-grandes difficultés pour l'appréciation de la redevance. 3° Monopole temporaire. Ce système offre le grand avantage de permettre à l'inventeur, en maintenant pendant la durée de son monopole le prix de ses produits, de rentrer dans ses déboursés, et de trouver une juste rémunération de son travail. Du reste, la société n'est que momentanément privée des bénéfices de l'invention. C'est ce dernier système qui a été consacré par la législation actuelle.

La protection que les gouvernements accordent à l'industrie a beaucoup varié selon les temps et les pays.

Avant la révolution de 1789 le principe du libre exercice de l'industrie n'était pas admis. Son développement était entravé par l'organisation des maîtrises et jurandes. Les inventions, alors peu nombreuses, qui se faisaient recevaient du roi des récompenses connues sous le nom de priviléges qui étaient pour les inventeurs un stérile bienfait en présence des prérogatives concédées aux corporations industrielles. La durée de ces priviléges était alors arbitrairement déterminée par les actes de concession, souvent même elle était illimitée; toutefois la déclaration du 24 décembre 1762 décidait que tous les priviléges seraient fixés et réduits aux terme de quinze années de jouissance, sauf prorogation dans les cas où il y aurait lieu. L'inventeur avait l'exploitation exclusive de son invention. Un tel état de choses, qui laissait le génie de l'invention sans protection réelle, avait pour résultat de décourager les inventeurs. Pour remédier à ce grand inconvénient, la révolution abolit les maîtrises et jurandes et posa le principe de la liberté de l'industrie.

Alors la nécessité des brevets d'invention se fit sentir, et on porta les lois des 7 janvier et 25 mai 1791, qui ont formé pendant cinquante ans le code spécial de cette matière.

Cependant les lois de 1791 furent bientôt en arrière des progrès et des besoins de l'industrie, et on dut apporter des modifications importantes à la législation en matière de brevet d'invention. Aussi, le 5 juillet 1844 apparut une nouvelle loi qui sert de base à la législation actuelle.

LOI DU 5 JUILLET 1844.

La loi de 1844 est fondée sur un principe contraire à celui qui servait de base à la loi du 7 janvier 1791. En effet, elle ne qualifie point, comme le fait cette dernière, le droit de l'inventeur d'un droit de propriété; elle ne reconnaît à celui-ci qu'un droit exclusif d'exploitation pendant un temps limité. Ce droit est constaté par des titres délivrés par le gouvernement sous le nom de brevets d'invention. L'inventeur n'est donc pas propriétaire de son invention, mais bien du brevet obtenu, dont il a la libre disposition. Ce qui confère le monopole, ce n'est pas la découverte mais bien la délivrance du brevet. Non-seulement personne ne peut exploiter la découverte brevetée et mettre en vente ses produits, mais ne peut même pas en faire usage pour son compte particulier.

Il ne peut être délivré de brevets valables que lorsqu'il y a invention ou découverte d'un produit industriel, ou l'invention de nouveaux moyens, ou l'application de moyens connus conduisant à l'obtention d'un résultat ou d'un produit industriel. Il faut en outre que l'invention n'ait pas été divulguée, car une fois publiée, la découverte tombe dans le domaine public, et le brevet qui serait délivré ne serait plus valable.

La loi déclare non susceptibles d'être brevetées les préparations pharmaceutiques ou remèdes de toute espèce et les plans ou combinaisons de crédit et de finances dans un but d'intérêt public, afin de préserver la santé et la fortune des citoyens de toute atteinte dangereuse. Non-seulement ces deux catégories de découvertes ne peuvent pas servir de base à un brevet valable, mais encore les brevets doivent être refusés par le gouvernement lorsque la demande rentre dans la prohibition de la loi.

La durée des brevets est limitée ; elle est de 5, 10 ou 15 ans, et part du jour de la demande du brevet. C'est à l'inventeur qu'appartient le droit de fixer la durée de la jouissance qui lui est nécessaire pour profiter de sa découverte. La concession du brevet donne droit à une taxe qui est de 500 francs pour 5 ans, de 1,000 pour 10 ans et 1,500 francs pour 15 ans. Cette taxe qui peut être considérée non comme la vente par l'État d'un monopole, mais comme un impôt assis sur l'exploitation de ce monopole, est proportionnelle au lieu d'être progressive comme celle qui existait sous l'empire de la loi de 1791. Cette taxe peut être payée par annuités de 100 francs, sous peine de déchéance pour celui qui laisserait écouler un terme sans l'acquitter

Le délai fixé par l'inventeur étant expiré, la découverte appartient à la société et chacun de ses membres a la faculté de l'exploiter. Il faut une loi pour proroger la durée de jouissance qui a été fixée par l'inventeur. On peut citer comme seul exemple, une loi du 18 juin 1856 qui a prolongé la durée d'un brevet d'invention.

Des demandes de brevets. — Celui qui veut prendre un brevet doit déposer sous cachet, au secrétariat de la préfecture, dans le département où il est domicilié ou dans tout autre en y élisant domicile : 1° sa demande au ministre de l'agriculture et du commerce; 2° une description de la découverte, invention ou application, faisant l'objet du brevet demandé ; 3° les dessins ou échantillons qui seront nécessaires pour l'intelligence de la description ; 4° un bordereau des pièces déposées. Les demandes de brevets peuvent être faites dans la forme de mémoires, requêtes ou simples lettres. Elles doivent être limitées à un objet spécial ; sinon il arriverait qu'on éluderait le payement de plusieurs taxes en réunissant dans une demande plusieurs objets de brevets. La demande ne doit contenir ni restrictions, ni conditions, ni réserves. On a craint que l'administration ne fût considérée comme ayant accédé à ces conditions, par cela seul qu'elle accordait le brevet. Elle doit indiquer un titre renfermant la désignation sommaire et précise de l'objet de l'invention.

Cette nécessité de joindre à la demande une description de la découverte a pour but, soit de spécifier exactement l'invention brevetée et de fixer ainsi les limites du privilége, soit d'assurer à la société la pleine propriété de la découverte à l'expiration du brevet. Toutes les pièces doivent être signées par le demandeur.

Les dispositions de l'art. 12 sont relatives à quelques formalités dont l'inobservation entraîne le rejet du brevet. Voici la teneur de cet article : Aucun dépôt ne sera reçu que sur la production d'un récépissé concernant le versement d'une somme de 100 fr. à valoir sur le montant de la taxe du brevet. Un procès-verbal dressé sans frais par le secrétaire général de la préfecture, sur un registre à ce destiné et signé par le demandeur, constate chaque dépôt, en énonçant le jour et l'heure de la remise des pièces.

De la délivrance des brevets. — Aussitôt après l'enregistrement des demandes et dans les cinq jours de la date du dépôt, les préfets transmettent les pièces, sous le cachet de l'inventeur, au ministre de l'agriculture et du commerce, en y joignant une copie certifiée du procès-verbal de dépôt; le récépissé concernant le dépôt de la taxe, et, s'il y a lieu, le pouvoir délivré au mandataire. A l'arrivée des pièces au ministère, il est procédé à l'ouverture, à l'enregistrement des demandes et à l'expédition des brevets dans l'ordre de réception desdites demandes.

Du non-examen préalable. — Un point important de cette matière, c'est la délivrance des brevets sans examen préalable, aux risques et périls du demandeur, sans garantie du mérite de l'invention. Nous allons examiner successivement les avantages et les inconvénients des deux principes qui se trouvaient en présence, savoir : le principe de l'examen préalable et celui du non-examen préalable.

1° *Examen préalable.* — Il prémunirait les acheteurs contre les fraudes, mais il exposerait l'inventeur à perdre les bénéfices de son invention en révélant son secret ; il permettrait à une administration jalouse d'accorder le brevet à celui qu'elle voudrait ; il nuirait à l'inventeur dans le cas où l'administration ne comprendrait pas le mérite de l'invention ; et il établirait une lutte entre le pouvoir judiciaire et le pouvoir administratif, ce dernier ayant par son examen garanti en quelque sorte à l'inventeur le respect et la valeur du brevet.

2° *Non-examen préalable.* — Ce système adopté en Angleterre fut introduit en France par la loi de 1791 et conservé par la loi de 1844. On reproche à ce système de ne pas garantir le public crédule contre les spéculations du charlatanisme et de ne pas protéger l'inventeur contre une folle confiance en sa découverte. Malgré ces reproches mérités, ce système a été admis sans difficulté lors de la discussion de la loi, à cause des nombreux inconvénients que présente le système contraire.

Le brevet consiste dans un arrêt rendu par le ministre qui constate la régularité de la demande. Si la demande n'a pas été régulièrement formée, le ministre doit la rejeter. Dans le cas de rejet de la demande, la moitié de la somme versée est acquise au trésor ; mais il sera tenu compte de la totalité de cette somme au demandeur, s'il reproduit la demande dans un délai de trois mois à compter de la date de la notification du rejet de la demande. Une ordonnance insérée au *Bulletin des lois* doit proclamer tous les trois mois les brevets délivrés.

Certificats d'addition. — Un breveté peut, pendant la durée de son brevet, apporter quelque changement, addition ou perfectionnement à son invention. Dans ce cas il a le choix, pour conserver le bénéfice de son perfectionnement, soit de prendre un certificat d'addition en suivant les formalités prescrites pour les demandes de brevets, soit de prendre un nouveau brevet principal pour cinq, dix ou quinze ans en remplissant les mêmes formalités. Le certificat d'addition, qui est soumis à une taxe de 20 francs, confère à l'inventeur le droit exclusif de jouir du perfectionnement pendant tout le temps que dure le brevet principal.

Toute personne autre que le breveté peut prendre un brevet pour perfectionnement apporté à une invention appartenant à autrui ; seulement la loi accorde une faveur particulière à l'inventeur, en défendant à toute personne de prendre un brevet de perfectionnement pendant la première année qui suit la concession du brevet. On a voulu laisser à l'inventeur la faculté de corriger son invention et d'en jouir plus complétement. Si le brevet de perfectionnement a été pris par un autre que par l'inventeur, le dernier ne peut pas l'adapter à sa découverte sans la volonté de son auteur ; et *vice versa*, le brevet de perfectionnement ne donne pas droit à l'exploitation de l'invention à laquelle il se rattache.

De la cession des brevets. — Lorsque la société accorde un monopole d'exploitation, elle contracte avec l'inventeur. Ce brevet est donc un bien du breveté : mais ce bien est du reste soumis aux règles qui régissent son patrimoine. Tout breveté pourra donc céder la totalité ou une partie de son brevet.

Cette cession doit être faite par acte notarié, afin qu'elle puisse produire effet vis-à-vis des tiers. Pour que cette cession soit valable, il faut que le payement de la totalité de la taxe précède l'acte notarié. Le legislateur a imposé cette condition afin d'éviter d'assez grands embarras de comptabilité qui auraient eu lieu, dans le cas où l'inventeur et le cessionnaire auraient versé des portions d'annuités. L'acte de transmission du brevet doit être rendu public au moyen de l'enregistrement fait au secrétariat de la préfecture dans le département ou il est passé. Le procès-verbal de cet enregistrement administratif doit être transmis au ministre des finances.

Les cessionnaires profiteront des certificats d'addition ultérieurement délivrés au brevetés ou à ses ayants droit, car le cédant est supposé avoir cédé son droit aux certificats d'addition en même temps que le brevet.

Publication des descriptions de brevets. — Après le payement de la deuxième annuité, on rend publics les descriptions et dessins déposés avec la demande du brevet. Il est en outre publié, au commencement de chaque année, un catalogue contenant les titres des brevets délivrés dans le courant de l'année précédente.

Droits des étrangers en France. — La loi de 1844 ne reconnaît pas, ainsi que le faisaient les lois de 1791, les brevets d'importation. En effet, ces lois accordaient à quiconque apportait en France le premier une découverte, les mêmes avantages que s'il en avait été l'inventeur. La loi de 1844 n'accorde qu'à l'auteur d'une découverte ou invention déjà brevetée à l'étranger le droit d'obtenir un brevet en France, à la condition que la durée de ce brevet ne pourra excéder celle des brevets antérieurement pris à l'étranger.

Des nullités et des déchéances. — Un brevet peut être entaché de nullité ou de déchéance. La nullité diffère de la déchéance, en ce que le brevet nul n'a jamais eu d'existence, tandis que le breveté déchu a pu jouir valablement de son privilége jusqu'au jour où la déchéance a été encourue. Il y a aussi une seconde différence importante, c'est que le ministère public peut dans certains cas se pourvoir directement par action principale, pour faire prononcer la nullité, et qu'il ne le peut jamais pour faire prononcer la déchéance.

Les brevets délivrés sont nuls : 1° lorsque la découverte n'est pas nouvelle ; 2° quand elle n'est pas susceptible d'être brevetée ; 3° lorsqu'elle porte sur des principes, méthodes et découvertes théoriques dont on n'a pas indiqué les conceptions industrielles ; 4° si la découverte est contraire aux lois et aux bonnes mœurs ; 5° si le titre du brevet indique frauduleusement un objet autre que le véritable objet de l'invention ; 6° si la description n'indique pas d'une manière complète et loyale les véritables moyens de l'inventeur ; 7° si le brevet de perfectionnement a été pris par un autre que l'inventeur dans l'année qui suit l'obtention du premier brevet.

Les cas de déchéance sont les suivants : 1° lorsque le breveté n'a pas acquitté son annuité avant le commencement de chacune des années de la durée du brevet ; 2° quand le breveté n'a pas mis en exploitation sa découverte ou invention en France, dans le délai de deux ans à compter du jour de la signature du brevet, ou qu'il a cessé de l'exécuter pendant deux années consécutives ; 3° quand le breveté introduit en France des objets fabriqués en pays étrangers et semblables à ceux qui sont garantis par son brevet. Ce troisième cas de déchéance a été modifié par une loi en date du 31 mai 1856. Aux termes de cette loi, le ministre de l'agriculture et du commerce peut autoriser l'introduction en France de modèles de machines et d'objets fabriqués à l'étranger lorsqu'ils sont destinés à des expositions publiques.

L'action en nullité et l'action en déchéance peuvent être exercées par toute personne y ayant intérêt. Les tribunaux doivent apprécier si cet intérêt est réel et sérieux. Le ministère public peut se rendre partie intervenante dans toute instance tendante à faire prononcer la nullité ou la déchéance d'un brevet et prendre des réquisitoires pour faire prononcer cette nullité ou déchéance. Il a une action principale pour demander la nullité du brevet dans les cas plus haut indiqués aux n°s 2, 4 et 5 des nullités : quand le ministère public est partie jointe ou partie principale, la déchéance ou nullité est absolue et profite à tous ; tandis que quand elle est prononcée sur les conclusions de la partie, elle n'est que relative. Ces actions doivent être portées devant les tribunaux de première instance, devant lesquels l'affaire sera instruite sommairement.

De la contrefaçon. — On entend par contrefaçon toute atteinte portée aux droits du breveté, soit par la fabrication de produits, soit par l'emploi des moyens faisant l'objet de son brevet. Le fait de recel fait sciemment est considéré comme un délit de contrefaçon. Il suffit d'avoir sciemment vendu ou exposé en vente des objets contrefaits pour être exposé à la poursuite en contrefaçon. Il y a des règles spéciales pour la récidive. Le délit de contrefaçon est puni d'amende et d'emprisonnement.

Les actions en contrefaçon étaient autrefois portées devant les tribunaux de paix. La loi du 25 mai 1838, que celle du 5 juillet 1844 est venue confirmer, a mis fin à cet état de choses, en déclarant que les poursuites en contrefaçon seraient déférées aux tribunaux correctionnels. En principe, le juge de l'action est le juge de l'exception ; néanmoins, la loi a cru devoir consacrer cette règle en matière de contrefaçon, par une disposition formelle. Elle décide, en conséquence, que le tribunal correctionnel, saisi d'une action pour le délit de contrefaçon, statue sur les exceptions qui seraient tirées par le prévenu, soit de la nullité ou déchéance du brevet, soit des questions relatives à la propriété du même brevet. Le tribunal compétent est celui du lieu du délit, ou celui de la résidence du prévenu, ou celui du lieu où il peut être trouvé. L'action en contrefaçon appartient à tout propriétaire du brevet. La partie lésée a le droit d'assigner directement le contrefacteur devant le tribunal correctionnel, mais ce n'est que sur la plainte de la partie que le ministère public peut exercer l'action correctionnelle pour l'application des peines. La confiscation des objets reconnus contrefaits, et, le cas échéant, celle des instruments ou ustensiles destinés spécialement à leur fabrication, sont, même en cas d'acquittement, prononcées contre le contrefacteur, le receleur ou le débitant. Les objets confisqués sont remis au propriétaire du brevet, sans préjudice de plus amples dommages-intérêts.

QUESTIONS.

I. Le possesseur de bonne foi qui fait abattre un bois de haute futaie devient propriétaire des produits.

II. Le maître des matériaux que j'ai employés à construire sur mon fonds ne peut les revendiquer, lors même qu'ils sont détachés, avant qu'il en ait reçu le prix.

III. L'usufruitier qui a fait des constructions, plantations ou autres ouvrages, ne peut invoquer le bénéfice de l'art. 555, et le propriétaire a le droit de les garder sans payer d'indemnité à l'usufruitier.

IV. L'art. 559 établit une sorte de prescription particulière qui n'est, à proprement parler, ni la prescription libératoire, ni la prescription acquisitive.

V. Le lit des rivières non navigables appartient aux propriétaires riverains.

VI. Le trésor découvert dans le fonds d'un des époux tombe dans la communauté.

VII. Le droit du possesseur de bonne foi à la plus-value résultat de ses travaux ne doit pas se compenser avec les fruits qu'il a perçus.

VIII. L'époux marié en communauté qui a obtenu un brevet n'a pas le droit, s'il survit à son conjoint, de reprendre ce brevet comme bien propre et personnel.

IX. La société a droit de faire usage des inventions publiées.

X. Si plusieurs brevets ont été délivrés pour une invention identique et si le véritable inventeur n'a obtenu que le second brevet, il devra revendiquer le premier brevet pour sauver son droit d'exploitation.

Vu par le Président de la thèse,
BUGNET.

Vu par le Doyen,
C.-A. PELLAT.

www.ingramcontent.com/pod-product-compliance
Lightning Source LLC
Chambersburg PA
CBHW060705050426
42451CB00010B/1272